AF145649

BEI GRIN MACHT SICH IHR
WISSEN BEZAHLT

Bibliografische Information der Deutschen Nationalbibliothek:

Die Deutsche Bibliothek verzeichnet diese Publikation in der Deutschen National-
bibliografie; detaillierte bibliografische Daten sind im Internet über http://dnb.d-
nb.de/ abrufbar.

Impressum:

Copyright © 2016 GRIN Verlag, Open Publishing GmbH
Druck und Bindung: Books on Demand GmbH, Norderstedt Germany
ISBN: 9783668452152

Dieses Buch bei GRIN:

http://www.grin.com/de/e-book/366372/decadence-in-thomas-manns-roman-bud-
denbrooks

Danka Bajkovic, Nadežda Milićević

Décadence in Thomas Manns Roman "Buddenbrooks"

GRIN Verlag

Universität Novi Sad
Philosophische Fakultät
Institut für Germanistik
Kurs: Deutsche Literatur der Moderne
SS 2016

Décadence in Thomas Manns Roman
Buddenbrooks

Bajković Danka, Milićević Nadežda
3. Studienjahr
Novi Sad, 30.05.2016

INHALTSVERZEICHNIS

1 Einleitung

Dieses Werk von Thomas Mann ist durch ein interessantes und sehr komplexes Thema geprägt. Schon im Untertitel des Romans lässt uns der Autor mit dem Thema des Werks kennenlernen, und zwar mit der Thematik der Décadence, bzw des Verfalls. Die Décadence, als Leitmotiv des Werks erscheint in vielen Formen durch die Handlung und bei vielen Figuren des Romans. In dieser Arbeit werden zwei bedeutende und offensichtliche Aspekte des Verfalls bearbeitet, und zwar der wirtschaftliche Verfall, der durch die Firma von Buddenbrooks und die Taten ihrer Leiter dargestellt wird und der Aspekt der Sensibilisierung bzw. Verfeinerung, der man mit das Schöne, das Künstlerische und das Philosophische der Figuren verbindet. Durch die Vorstellung dieser zwei, miteinander verbundenen Aspekten wird man mit den Gründen und den Folgen des Niedergangs und schließlich des Verfalls bekannt gemacht.

In der ersten Hälfte der Arbeit werden wir die Décadence als philosophischer und literarischer Begriff definieren. Danach werden wir die Autoren erwähnen, die den Begriff Décadence thematisiert haben und ihre Vorstellungen über diesem Begriff erklären. Nachdem wir die Werke in denen das Phänomen der Dekadenz bearbeitet wurde, werden wir uns mit der Dekadenz im Roman *Buddenbrooks* befassen, wo wir den wirtschaftlichen Verfall durch die Firma und das Haus analysieren werden. Den zweiten Aspekt, d.h. Sensibilisierung im Sinne der Kunst werden wir durch die männlichen Familienmitglieder analysieren und sie mit der Musik, als Leitmotiv des Werks, verbinden.

2 Begriffserläuterung

Der Begriff *Décandence* kommt aus dem Lateinischen „cadere" was „fallen" oder „sinken" bedeutet. [1] Es wurde später im Französischen als décadence übernommen und wurde auch in anderen Sprachen verwendet. Das Wort décadence wird jetzt als Verfall im kulturellen, moralischen, religiösen, ästhetischen, wirtschaftlichen und psychologischen Sinne verwendet. Décadence, als ein französischer Ausdruck, der im 17. Jahrhundert von Nicolas Boileau als ästhetischer Begriff eingeführt wurde[2], bedeutet Niedergang, Verfall, Entartung, Überfeinerung, Rückgang, Abstieg, Degeneration[3]. Dieser Begriff hat zwei Bedeutungen, und zwar positive und negative. Eine negative Wertung ist schon im Begriff Dekadenz selbst enthalten, da er impliziert, dass es einen Übergang von einem objektiv besseren zu einem schlechteren Zustand geben muss.[4] Unter der negativen Bedeutung versteht man die Verneinung aller menschlichen Werte, außer den Sinnengenüßen, die angeblich sehr wichtig für menschliche Existenz sind. Es steht auch für die Entfremdung des Individuums von der Gesellschaft und zeigt, dass jetzt Impressionen, Sensationen und Sinnengenuß wichtiger sind.[5] Da kommen wir zur positiven Bedeutung, die für Kunst und das Künstlerische gilt. Die Kunst ist jetzt autonom, und ist nicht weder etisch noch gesellschaflich begrenzt. Die Kunst soll nie der Politik dienen, sondern muss sie „frei und rein" sein, sodass sie ihre Schönheit und Wesen und ihre Aufgabe entfalten kann. Deswegen formulierte Théophile Gautier das Konzept *l'art pour l'art*, das von allen Autoren übernommen wurde.[6]

2.1 Décadence in der Literatur

Décadence wird als eine „vielschichtige Tendenz innerhalb der europäischen Literatur gegen Ende des 19. Jhds" bezeichnet.[7] Es ist aber sehr schwierig diesen Begriff zu definieren, weil es viele unteschiedliche Ausdrücke gibt, die auch als Synonyme betrachtet werden können.[8]

---

[1] Vgl. Duden Redaktion: *Dekadenz*. URL: http://www.duden.de/rechtschreibung/Dekadenz - 29.05.2016.
[2] Memim Encyclopedia: *Decadence*. http://memim.com/decadence.html - 29.05.2016.
[3] Vgl. Thomas Brandt: *Erläuterungen zu Thomas Mann Buddenrbooks*. Hollfeld: Bange Verlag, 2002, 84.
[4] Vgl. Daniela Thiel: *Motive der Dekadenz in Thomas Manns Tod in Venedig*. Växjö: Institutionen för Humaniora, HT 06/07, S. 4.
[5] Ebenda, 5.
[6] Vgl. Sorin Dan Vadan: *Dekadenz*. URL: http://www.litde.com/jugendlexikon-literatur/dekadenz.php - 29.05.2016.
[7] Vgl. Günther und Irmgard Schweikle (Hg.): *Metzler Literatur Lexikon*. Stuttgart: Metzlerische Verlagbuchhandlung, 1990, 94.
[8] Vgl. Thiel, 4.

4

Der Ausdruck "fin de siècle" soll eine Atmosphäre beschreiben, die, der Decadence geeignet ist und die, nach der Meinung einiger Autoren, von Endzeitstimmung, Weltschmerz und Melancholie geprägt wurde.[9] Die Leute dachten, dass mit dem Ende des Jahrhunderts zum Ende der Welt kommen wird und dieser Uberzeugng kann als ein Aspekt des Verfalls betrachtet werden.[10] Der "Ästhetizismus" ist eine weitere Erscheinung der Décadence, für der eine starke Betonung des Künstlerischen geeignet ist[11]. Die Decadence ist gegen Utilitarismus und Werteschwund und zeigt weltschmerzliche Zerrissenheit, Mutlosigkeit, Lebensekel, Überdruß, Pessimismus und Schönheitskult.[12] Décadence represeintiert die Suche nach Neuem, künstlerichen Sinnengenuß und ästhetischen Sensibilisierung. Sie zeigt auch das Extreme und das Hässliche, das Morbide und Extravagante, wie z.B. Inzest, Prostitution, Satanismus, Okultismus.[13]

Die Decadence als eine künstlerische Strömung oder besser gesagt Tendenz, die schon in ihrer Blütezeit ist, begriff viele Bereiche, sowohl die intelektuelle und kulturelle, als auch politische und wirtschaftliche.[14]

Einfacher gesagt, Décadence bezeichnet Verfall im Allgemeinen, Verlust an Vitalität, Verlust an Tüchtigkeit, Zunahme an Verfeinerung, Zunahme an Religion, Zunahme an Kunst und Geist

Viele Philosophen gaben unterschiedliche Meinungen über diesem Begriff. Montesquieu beschäftigte sich über die Décadence des römischen Reichs in seinem Werk *Considerationd sur les causes de la grandeur des Romains et la leur Décadence*. Er wollte den Begriff in seinem historischen Kontext verstehen und diese Bedeutung wollte als eine Kritik seiner Gegenwart anwenden. Gibbon beschäftigte sich in seinem Werk *History of the Decline and Fall of Roman Empire* damit, *dass das Kultiviert-Verfeinerte dem Neuen, in diesem Fall dem Christentum, und demBarbarischen unterliegen müsse*[15]. Wichtige Namen sind auch Schopenhauer und Nietzsche. Das Weltbild von Arthur Schopenhauer, aus seinem Werk Die Welt als Wille und Vorstellung,

---

[9] Ebenda.
[10]Vgl. James Esch: *Decadence, symbolists and fin de siècle*. URL: http://notearama.blogspot.rs/2010/01/decadence-symbolists-and-fin-de-siecle.html - 28.05.2016.
[11] Vgl. Thiel.
[12] Vgl. Gero von Wilpert: *Sachwörterbuch der Literatur*. Stuttgart: Alfred Kröner Verlag, 2001, 155.
[13] Ebenda.
[14] Vgl. James Esch: : http://notearama.blogspot.rs/2010/01/decadence-symbolists-and-fin-de-siecle.html - 28.05.2016.
[15] Universal-Lexikon: Dekadenz. URL: http://universal_lexikon.deacademic.com/54899/Dekadenz -28.05.2016.

ist von Pessimismus geprägt[16]. Seiner Ansicht nach leidet der moderne Mensch unter einer Entfremdung von der Welt. Er ist gefangen in einem ewigen Willen etwas Unmögliches zu erreichen. Nietzsche war der wichtigste Kritiker der Dekadenz. Er gebrauchte als Erster in Deutschland diesen Begriff[17] beklagt die Hinfälligkeit und die Verfallserscheinungen, sieht in der Dekadenz aber auch eine gewisse Notwendigkeit, weil er die Zerstörung und das Neuerschaffen als Hauptteile des menschlichen Daseins betrachtete. Er bezeichnete Richard Wagner als ein typischen »décadent«.[18] Diese „dekadentische" Züge zeigen auch Byron und Musset in ihrer Weltschmerzdichtung.[19] Auch Baudelaire beschäftigte sich mit diesem Thematik in seiner Gedichtsammlung „Les fleurs du mal", und dachte, dass der Degenerationsprozess positiv für die Kunst ist.[20] Dann Rimbaud, Verlaine, Malarme(frz Symbolisten), Chekhov, Oscar Wilde. In Deutschland haben nur einige Werke dekadentische Züge: bei Rilke, Hofmannsthal, Heinrich Mann und besonders bei Thomas Mann[21].

2.2 Décadence in Thomas Manns Werke

Thomas Mann, wie andere zeitgenossische Autoren, beschäftigte sich sehr viel mit Dekadenzthematik und viele seiner Werke haben dekadentische Züge, wie z.B. *Buddenbrooks*, die Erzahlungen *Tristan*, *Tonio Kröger* und *Der Tod in Venedig*.[22] In Buddenbrooks sind die dekadentische Züge unübersehbar und viele Motive und Aspekten der Decadence sind ins Werk integriert. Aufgrund der komplexen Handlung und der Figuren des Werks, kann man vier Ebene der Décadence bzw. des Verfalls erkennen, und zwar wirtschaftlichen, moralischen, biologisch-psychologischen und Sensibilisierung im Sinne der Kunst, der im Kontrast zu den anderen Aspekten steht.

---

[16] Vgl. Thiel, 7.
[17] Universal-Lexikon: *Dekadenz*. URL: http://universal_lexikon.deacademic.com/54899/Dekadenz - 28.05.2016.
[18] Ebenda.
[19] Vgl. Gero von Wilpert, 154.
[20] Vgl. Thiel, 5.
[21] Vgl. Günther und Irmgard Schweikle (Hg.): *Metzler Literatur Lexikon*. Stuttgart: Metzlerische Verlagbuchhandlung, 1990, 94.
[22] Vgl. Miloš Đorđević: *Tomas Man*. URL: http://www.rastko.rs/rastko/delo/10185 - 28.05.2016.

3 Décadence in Buddenbrooks

Diese Geschichte bezieht sich nicht nur auf den Verfall von Buddenbrooks, sondern auch auf den Verfall der ganzen Gesellschaft und der *bourgeoisie*. Der Faden, der die Geschehnisse im Roman verbindet, ist der Untertitel „Verfall einer Familie". Das grundlegende Thema ist das Phänomen der Dekadenz, bzw. des Verfalls. Einstmals erfolgreiches und bedeutendes Unternehmen von Buddenbrooks erlebt bei jüngerer Generation den allmählichen Niedergang und schließlich den Zerfall. Die Gründe dieses Prozesses sind komplex: politische Veränderungen, die Handelsmisserfolge und persönliche Gewohnheiten treten im gleichen Maß ins öffentliche und private Leben hinein. Hier wurden auch *die körperliche Degeneration, erbbiologisch determinierte Lebensuntauglichkeit und eine zum Geistig-Künstlerischen ausschlagende Sensibilisierung*[23]

3.1 Wirtschaftlicher Verfall

Der Roman beginnt mit der fröhlichen Szene, die eine kaufmännische Familie Buddenbrook am Höhepunkt des Wohlstandes darstellt, und endet mit einer Gruppe von traurigen Witwen und leidtragenden Frauen, mit dem einzigen Rest der damalig mächtigen Familie, die sich weder biologisch noch finanziell fortsetzen kann. Damit wurden das Thema und der Zweck des Romans gekennzeichnet: den Verfall einer angesehenen kaufmännischen Firma und einer Familie, die sich mit dieser Firma identifizierte. Neben dem Untertitel, der uns das Thema des Romans und das Schicksal der Familie Buddenbrook andeutet, am Anfang der Romans gibt es einen so zu sagen „prophetischen Moment", wo wir erfahren, dass sich die Familie in diesem Haus einzog, weil sich die Familie Ratenkampf wegen der Schwächung ihrer Firma daraus ausziehen musste.

3.1.1 Verfall der Firma

Der Untergang der Firma, die ein Bestandteil der Tradition von Buddenbrooks ist, wird durch die vier Generationen dargestellt. Rund 1835 der Leiter der Firma ist Johann Buddenbrook Senior, der für eine stabile und prinzipielle Person gilt. Ihn charakterisiert das Kaufmanns-Ethos, er ist traditionell, aber nicht religiös. Nach dem Tod seiner zweiten Frau

---

[23] (Hrsg.) Andreas Blödorn, Friedhelm Marx: *Thomas Mann Handbuch*. Stuttgart: J.B. Metzler, 2015, 21.

Antoinette, gibt er das Geschäft seinem Sohn Jean über. Obwohl die Firma noch immer im guten Zustand ist und obwohl er noch immer erfolgreich das Geschäft führt, sieht man bei ihm Mangel an Zuverlässigkeit und Interesse an die Religion, im Unterschied zu seinem Vater, der sich nur auf das Geschäft konzentrierte. Zur Zeit Johanns und Jeans nutznießte die Firma, wie auch der Name Buddenbrook selbst, ein Prestige und große Reputation. Die Charakterschwäche und dekadentische Züge sind bei törtiger, aber optimischischer Tony, wie auch bei hypochondrischem Christian vorhanden, deren Interesselösigkeit den Zwiespalt zwischen den Brüdern und in der Familie verursachte. Die Dekadenz zeigt sich auch bei scheinbar am gesündestem, vornehmen und klugem Erbe der Firma, dem Senator Thomas Buddenbrook.

Die ersten Zeichen des Verfalls kann man durch Thomas Übernahme des Geschäfts bemerken. Im Unterschied zu Christian, interessierte sich Thomas für das Geschäft als er noch klein war. Als Christian reiste und seine Zeit in Wirtshäusern verbrachte, Thomas war in Lübeck und machte alles, sodass die Firma einen Höhepunkt wiedererlebt. Neben der Firma, die ihm viel Zeit wegnahm, Thomas musste als Senator regelmäßig bei den Treffen anwesend sein, die seine ständige Aufmerkseimkeit und Konzentration veranlagten. Jedoch, wie sehr er sich auch darum bemühte, hatten seine Bemühungen nur einen Kontraeffekt. Thomas gelingt es nicht, das Gleichgewicht zwichen beiden Arbeiten herzustellen. Klaras letzter Wunsch war, ihrem Ehemann, Pastor Tiburtius, ihr Erbe zu geben, was Konsulin Elisabeth nach Klaras Tod gemacht hat, ohne dass sie Thomas fragt. Das kann man als eine Art von Respektlosigkeit von Thomas als Autorität der Famile deuten. Nebenbei war er keine Autorität in der Firma, weil er, infolge von psychischer Instabilität und Spaltung der Familie, den Fokus und die Aufmerksamkeit verlor, so dass „Thomas Buddenbrook an der Börse eigentlich nur dekorativ wirke".[24] Dies beeinflusste Thomas' Persönlichkeit und auch die Firma. Wegen seiner Verzweiflung und wegen seinem Wunsch, um diese finanzielle Verluste zu ausgleichen, machte Thomas ein Geschäft, das von dieser Firma in hundert Jahren nicht gemacht wurde. Nämlich, Thomas kauft die Kornernte *auf dem Halm*, von dem in finanzielle Bedrängnis geratenen Herrn von Maiboom. Später, am Tag des Firmajubiläums erfährt Thomas, dass Maibooms Ernte verhagelt ist.[25] Obwohl Tony auf dem

[24] Thomas Mann: Buddenbrooks: Verfall einer Familie. o.O.: Fischer Bücherei, o. J., 463.
[25] Vgl. Literaturlexikon-online: *Buddenbrooks (1901)*. URL: http://literaturlexikon.uni-saarland.de/index.php?id=1387 – 28.05.2016.

Jubiläumsfeier bestand, Thomas lehnte das ab, weil er selbst bewusst war, dass die Firma untergeht.

> *Die Vergangenheit zu feiern, ist hübsch, wenn man, was Gegenwart und Zukunft betrifft, guter Dinge ist...Sich seiner Väter zu erinnern ist angenehm, wenn man sich einig mit ihnen weiß und sich bewußt ist, immer in ihrem Sinne gehandelt zu haben...Käme das Jubiläum zu gelegenerer Zeit...*[26]

Obwohl sich Thomas am Anfang bemühte, die Firma zu führen, machte es Christian nicht leichter für seinen Bruder, weil er keine Lust für das Geschäft zeigte und weil er sehr verschwenderisch war. Nämlich, Christian besuchte Wirtshäuser, verbrachte die Zeit mit Frauen, ging ins Theater und damit verprasste er seinen Teil des Erbes. Wegen diesem Benehmen, störte er immer mehr das Ansehen der Familie und der Firma. Christians Ungehorsam und Interesselosigkeit an familiäre Sache spiegelt sich am besten dadurch wieder, wenn er auf den Tod seiner Mutter wartet, um Thomas mitzuteilen, dass er Aline Puvogel heiraten möchte, mit wem er angeblich eine Tochter Gisele hat.

Nebenbei, was die finanzielle Situation noch schwieriger machte, sind Tonys zwei schandliche Scheidungen, bzw. der Verlust des Mitgifts nach der Scheidung von Grunlich. Diese zwei Scheidungen, beschmutzten den Namen der Familie Buddenbrook.

3.1.2 Motiv des Hauses

Das Motiv des Hauses spielt ist in diesem Werk unübersehbar und bedeutend, um den wirtschaftlichen Verfall darzustellen. Die Hausmotivik entspricht dem finanziellen, physischen und psychischen Zustand der Familie, spiegelt also den Aufstieg und den Fall der Buddenbrooks wider. Der Roman beginnt mit einer Beschreibung von harmonischer Athmosphäre in deren eine Einweisungsfeier, im Haus von Buddenbrooks in der Mengstraße stattfindet. Die Buddenbrooks versammeln sich mit ihren Freunden und Mann beschreibt detailliert die pompöse Essen und reichen, gerschmackssvoll Innenraum des Hauses. Wenn das Haus die Säule der Familie und den Statussymbol darstellen wäre, dann wäre das Haus in der Mengstraße ein echtes Beispiel dafür. Es stellt die Bemahlung des Reichtums, des Erfolgs, ihrer wirtschaftlichen Lage und familiäre Zusammenhalt dar. Im Haus in der Mengstraße sind die private und die öffentliche Sphäre

---

[26] Thomas Mann: *Buddenbrooks: Verfall einer Familie.* Franfurt am Main, Hamburg: Fischer Verlag, 1965, S. 325.

verbunden, dh. die Familie und das Geschäft sind unter einem Dach. Das Haus spiegelt die aktuelle Situation in der Familie wieder. Johann Buddenbrook Senior versucht die familiäere Verhältnisse zu erhalten und wärend die Familie dort lebt, reihen viele Erfolge an. Dieses Haus aber verliert an Bedeutung, wenn die Kinder sich daraus ausziehen und besonders wenn Thomas ein neues Haus in der Fischergrube kauft, das prächtig und pompös ist und sollte sehr überzeugend de finanziellen Vermögensverhältnisse der Familie Buddenbrook zeigen.

" *Man sollte annehmen... du solltest fröhlich sein, Tom! (...) Dort liegt ein Haus, ein Traum von einem Haus; Hermann Hagenström bewohnt eine Kate im Vergleich damit! Das alles hast du zuwege gebracht...* "[27]

Man sollte es *annehmen*, aber kann es *nicht*, weil es sehr deutig ist, dass dieses große und reiche Haus in der Fischergrube nur Schein ist und verheimlicht eigentlich die reale Situation der Familie. Es sollte ein sicherer Platz für seine Familie und ein Ort des Familientreffens sein, aber es gilt nur für den Statussymbol. Als das Haus in der Mengstraße nach dem Tod Thomas' Mutter an den Hagenströms verkauft wird, kann man vermuten, dass jetzt der Abstieg der Familie kommt, der als die Handlug weitergeht, immer mehr deutlich wird. Deswegen kann man sagen, dass das Haus in der Fischergrube den „Verfall einer Familie" bzw. von Buddenbrooks symbolisiert und damit ist auch der Kontrast zwischen den zwei Häusern deutlicher.

Obwohl das neue Haus von Senator viele Zimmer mit luksuriösen Möbel hat und sehr räumlich und mit Gechmack von Herrn Voigt gemacht ist, wird diese Räumlichkeit immer mehr betont. Thomas ist deren bewusst, und sagt, dass ‚Senator' und das Haus nur die Äußerlichkeiten sind*(pogledaj citat u svesci i objasni) Die idyllische Atmosphäre vom Anfang des Romans, die den Raum des Hauses darstellt, ist mit dem Gespräch, Leute und Wohlstand gefüllt und alldas steht im Kontrast zu den großen Räumen dieses imposanten Gebäudes, das jetzt ein kaltes Daheim von Buddenbrooks ist. In diesem Haus wurden die Essen nicht so ausgiebig und pompös, die Verhältnisse zwischen Familienmitgliedern waren kalt und fast gefühllos, sogar ist Gerda untreu zu Thomas; alles, was von Außen dieses Haus in der Fischergrube darstellte, stand stark im Kontrast zum Inneren.

---

[27] Thomas Mann, Buddenbrooks: Verfall einer Familie. o.O.: Fischer Bücherei, o. J., 325.

Das Motiv des Hauses wird mehrmals im Werk verwendet. Man kann sagen, dass der Verfall von Buddenbrooks vorgesehen wurde. Die Ratenkampf, die Vorbesitzer des Hauses in der Mengstraße, mussten das Haus nach dem Niedergang ihrer Firma verkaufen. Die einstmals „glänzende Familie" Ratenkamp wurde durch die Buddenbrooks ersetzt. Am Anfang sind Buddenbrooks erfolgreich, vornehm, auf den ersten Blick die „perfekte" Familie, aber später, wie die Handlung abläuft, passiert es ihnen das gleiche Unglück wie bei Ratenkamps. Für den Niedergang der Familie ist der Verkauf des Hauses von großer Bedeutung. Thomas verkauft das Haus in der Mengstraße und damit zerstört den einzigen Ort, der Familie Buddenbrook zusammenhielt. Am Ende, das Haus wurde von Hagenströms gekauft, von den größten Konkurenten der Familie Buddenbrooks und jetzt, wenn sie in diesem Haus wohnen, das die Macht von Buddenbrooks wiedespiegelte, es würde bedeuten, dass *Buddenbrooks sind fertig, sie sind endgültig abgetan, sie ziehen ab, und Hagenströms rücken mit Kling und Klang an ihre Stelle.*[28]

Wichtige Rolle spielen auch die Familienpapiere, wo sie die Genealogie der Familie mitteilen und wichtige Ereignise in der Familie schreiben. In diesen Familienpapieren steht der Aufstieg und Verfall der Vamilie und diese Familienpapiere können auch als Vorzeichen des Verfalls beobachten werden, weil Hanno einen Strich unter seinem Namen macht und damit symbolisiert er eigentlich das Ende, in Bezug darauf, dass er der letzte männliche Familienmitglied der Familie Buddenbrook ist.

Die Beide Haüsern stellen die Ausgangspunkt und den Ende der Handlung dar, deswegen kann man diese zyklische Form des Romans erkennen.

3.1.3 Reisen

Nach allen diesen finanziellen Verluste, ihren wirtschaftlichen und sozialen Verfall erkennt man auch dadurch, wenn sie nicht mehr in der Lage waren, um sich Reisen leisten zu können, im Unterschied zu ihren größten Konkurenten, die Hagenströms. Reisen sind ein wichtiges Motiv und sind stark mit der Familie Buddenbrook verbunden. Tony erwähnt immer wieder die Reisen ihres Großvaters und Christian besonders reist nach England, um dort zu arbeiten. Von besonderer Bedeutng ist Travemünde, wo die Familie ans Meer fuhr. Travemünde

---

[28] Ebenda, 454.

galt als einen Fluchtort für Tony und Hanno, wo sie sich wohl und sicher fühlten und wo sie ihre innere Ruhe fanden. Wegen dem schlechten finanziellen Zustand konnte die Familie nirgendwohin mehr reisen und konnten sich von den Fesseln des Unglücks, die sie getroffen hat, nicht befreien.

Jetzt sind die Buddenbrooks derselber Schicksal wie die Ratenkampfs und man kann sagen, dass *diese Firma hatte abgewirtschaftet, diese alte Familie war passée*[29].

3.2 Sensibilisierung im Sinne der Kunst

Durch die Zeit verändern sich auch die Werte der Familie. Die traditionellen Bräuche der Familie verlieren an Bedeutung, und Schwächung der kaufmännischen Fähigkeit bedeutet eigentlich das Erwecken einer bis zu jener Zeit ungegenwärtigen künstelischen Sensibilität. Manche Figuren des Romas haben die Sehnsucht zur Kunst und dadurch ergibt sich ein Problem: je mehr sie sich diesen künstlerischen Neigungen hingeben, desto mehr setzen sie ihr Geschäft und ihre Firmanach. Diese Sehsucht für die Kunst bezieht sich auf die Musik, die als ein bedeutender Leitmotiv des Werks betrachtet werden kann und, die in enger Verbindung mit dem Verfall der Familie, als auch ihrer Verfeinerung und Sensibilisierung steht.

Am Anfang des Romans, die einzige Art der Kunst ist Johanns laienhaftes Spielen der Flöte. Obwohl die Unmusikalität der Familie durch den Roman betont wird, spielte Johann gern die Flöte in der Gesellschaft von Familie und Freunden. Die Flöte, die damals ein sehr populäres Instrument war, diente nur zum Spaß, was bedeutet, dass Johann ausschließlich Kaufmann-Ethos charakterisiert. Sein Sohn Jean ist nich im Sinne der Kunst verfeinert, aber ist sehr fromm und wollte diese Frömmigkeit auf seine Kinder überbringen. Während seines Lebens steht die Musik im Rahmen der Religion, und so sangen seine Frau und die Kinder christliche Lieder am Weinachten.

Die künstlerische Verfeinerung ist nur bei den männlichen Mitgliedern der Familie anwesend. Kod Christiana se od djetinjstva prepoznaje skolonst ka imitaciji, a kasnije i interesovanje za umjetnost. Er hat keinen Sinn für das Geschäft und zeigt keine Interesse daran, sondern ist er von Theater begeistert. Er wurde im Werk „unmusikalisch" bezeichnet, aber er geniesst die Musik und die Kunst, deswegen ist er aber nur ein Dilettant und nicht ein Kunstler.

---

[29] Ebenda,17.

12

Er ist für die Kunst überhaupt nicht begabt und er mochte die Leute unterhalten und fand sein eigenes Publikum im Haus und im Klub. Er bleibt immer ein Imitaror und ein Hanswurst der Familie Buddenbrook. Christian unterscheidet sich in jedem Sinne von seinem Bruder Thomas, der ein Geschäftsmann ist und ist an Geschäft und finanzieller Fortschritt fokusiert. Er interesierte sich immer für die Firma und ging oft mit seinem Vater ins Büro. Er fang mit der Arbeit an als ein junger Bursch war und man konnte nicht vermuten, dass sich bei ihm diese feinfühlige Seite entwickeln könnte. Später hat es sich herausgestellt, dass das Feinfühlige und das Künstlerische schädlich für die Firma waren. Thomas' Charakter ist eine Mischung von einem seriösen Geschäftsmann und einem Grübler; er bemüht sich um, durch seine würdevolle Körperhaltung und durch sein pedantisches Aussehen, seine Sorge und Unruhen zu verheimlichen. Thomas ist ein Ästhet, der nicht eine Kaufmannstochter heiratet, sondern eine attraktive Amsterdamerin, Gerda. Sie ist für Musik begabt und mit ihr kommt die Kunst im wahrsten Sinne des Wortes in die Familie Buddenbrook. Fur sie wurde im Haus in der Fischergrube ein Musikzimmer erstellt, wo sie und Hanno viel Zeit verbachten und wo sie sich mit Leutnant von Tronka otf traf. Im Unterschied zu dem Haus in Mengstraße, wo die Musik eine Zweck der Verbindung und die Erstellung der familiären Atmosphäre hatte, wird die Musik im Haus in der Fischergrube mit Trennung und Entfremdung verbindet.

An Thomas wird die Ursache des Verfalls deutlich, den der Roman im Untertitel trägt. Thomas versucht die Firma zu führen und die Familie zusammenzuhalten. Sein Großvater, der vitalste aber naivste war, hat den grösten Profit gemacht.[30] *Thomas ist zwar in der Lage, kapitalistische Ideologien als Fassaden zu durchschauen, aber dies Durschauen raubt ihm die Unbefangenheit des Handels. Es macht ihn schwach*[31]. Er liebt die künstlerisch veranlagte Gerda, ist aber stolz, dass er mit ihrem Mitgift der Familie und die Firma helfen kann[32]. Durch das Werk von Schopenhauer wird er sensibel und grübelt viel über sein Leben und seine Taten und damit stürzt in eine tiefe Krise. Dieser Text von Schopenhauer hat Thomas für den Tod vorbereitet und er ist froh, dass er diese grobe und schmützige Welt verlässt. Von Thomas wurde immer erwartet, um ein erfolgreicher Händler zu sein und dass er alles unter Kontrolle haltet, im

---

[30] Vgl. Klaus Schröter (Hrg): *Thomas Mann im Urteil seiner Zeit.* Hamburg: Christian Wegner Verlag GmbH, 1969, 73.
[31] Ebenda.
[32] Vgl. Xlibris: Interpretation: Buddenbrooks. URL: http://www.xlibris.de/Autoren/Mann/Werke/Die%20Buddenbrooks – 28.05.2016.

Unterschied zu seinem Bruder, der ein ausschweifendes, jugendliches Leben führte. Thomas neidete ihm seine Sorglosigkeit und Abenteuer, weswegen er seine Veranlagungen unterdrücken musste und diese innerliche Zerrissenheit zwischen dem Künstlerischen und dem Kaufmännischem führte Thomas zum Tod.

Diese Verfallsgeschichte wird am deutlichsten bei dem letzten Vertreter dieser einmal mächtige Familie, Hanno Buddenbrook. Er interessiete sich nicht für das Kaufmännische und hatte Angst vor den Prüfungen oder öffentlichen Aufenthalten, was bedeuten würde, dass er an Selbstbewusstsein fehlt.[33] Hanno, das kranke Kind, das melancholisch ist, hat die Sensibilität ihrer Mutter geerbt und so wie er Gerda und den Orgelspieler Pful betrachtet, interessiert er sich langsam für Musik. Im Musikzimmer verbrachte Hanno die Mehrheit seiner Zeit, indem er über die Musik nachdachte und die Musik schaffte. Außer dass Hanno nicht gesundheitlich fähig ist das Geschäft zu führen, zeigt er aber Interesse nur an die Musik, besonders an die Musik von Wagner, was bei Thomas Mann die Verfeinerung/Feinfühligkeit und Dekadenz symbolisiert. Wegen der Musik bzw. wegen der Hannos Interesselosigkeit an das Geschäft, kommt es zur Verschlechterung der Verhältnisse zwischen ihn und seinem Vater, was Thomas sehr stört und weswegen er Gefühl hat, dass ihn die Musik und Gerda von Hanno entfernen. Hanno ist ein Melancholiker, er läuft von der Wirklichkeit weg und steckt sich in der Welt der Musik. Hanno, wie auch sein Vater, ist ein Grübler und hat keine Neigung, um sich nach Innen gekehrt zu verhalten.[34]Diese Grübelei verstärkt sich, und junger Hanno, statt eine Wiederstand zu zeigen, zeigt nur seine Müdigkeit und neigt zur Resignation und Wille zum Sterben.[35] Hier kann man eine Ähnlichkeit zu seinem Vater erkennen, der auch die Neigung zum philosophischen Grübel und zu den pessimistischen Gedanken hat. Unfähig für das Leben und zu sensibel, pessimistisch und immer müde, stirbt Hanno an Typhus als Kind und damit schließen die Buddenbrooks für immer ihr Familienbuch.

---

[33] Vgl. Thomas Brandt: *Erläuterungen zu Thomas Mann Buddenrbooks*. Hollfeld: Bange Verlag, 2002, 52.
[34] Ebenda, 53.
[35] Ebenda, 54.

4 Schlussvolgerung

Die *Buddenbrooks* bezeichnet nicht nur den „Verfall der Familie", sondern auch den Verfall der Gesellschaft überhaupt, deswegen ist dieser Roman lobenswert. Im Roman wird der Verfall der Bourgeoisie durch die Geschichte einer Kaufmannsfamilie dargestellt. Wir haben den Begriff Décadence definiert, aber auch haben wir geklärt, auf welche Weise ist dieses Phänomen durch die Geschichte der Familie Buddenbrook durchdrungen. Dem Verfall von Buddenbrooks haben viele Faktoren beigetragen und diese zwei Aspekten, d.h. der wirtschaftliche Verfall und Sensibilisierung im Sinne der Kunst, zeigen deutlich wie sich diese Familie verändert hat, in Bezug auf den Anfang und Ende des Romans. Durch diese Aspekte haben wir den allmählichen Verlauf des Verfalls dargestellt sowie die Ursachen die zum diesen Verfall geführt haben. Durch die Erscheinung der Kunst in dieser Familie schwächt die Familie wirtschaftlich und gesundheitlich. Obwohl die Kunst und die Verfeinerung ein negativer Einfluß auf die Familie und auf das Geschäft hatte, sollte man nicht die Sensibilisierung als etwas Negatives betrachten. Durch das ganze Werk ist den Verfall erkennbar bzw. wie damalig angesehene Familie Buddenbrook zur schlechten Reputation und das Synonym des Untergangs geworden ist.

LITERATURVERZEICHNIS

Primärliteratur:

* ❖ Thomas Mann, Buddenbrooks: Verfall einer Familie. o.O.: Fischer Bücherei, o. J

* ❖ Thomas Mann: *Buddenbrooks: Verfall einer Familie.* Franfurt am Main, Hamburg:
  Fischer Verlag, 1965, S. 325.

Sekundärliteratur:

* ❖ (Hrsg.) Andreas Blödorn, Friedhelm Marx: *Thomas Mann Handbuch.* Stuttgart: J.B.
  Metzler, 2015, 21.

* ❖ Brandt, Thomas: *Erläuterungen zu T. Mann „Buddenbrooks".* Hollfeld: Bange Verlag,
  2002.

* ❖ Fähnders, Walter : *Avantgarde und Moderne 1890 – 1933.* Stuttgart; Weimar: Metzler,
  1998.

* ❖ Thiel, Daniela: *Motive der Dekadenz in Thomas Manns Tod in Venedig.* Växjö:
  Institutionen för Humaniora, HT 06/07.

* ❖ Schröter, Klaus (Hrsg): *Thomas Mann im Urteil seiner Zeit.* Hamburg: Christian Wegner
  Verlag GmbH, 1969.

* ❖ Schweikle, Günther und Irmgard: *Metzler Literatur Lexikon.* Stuttgart: Metzlerische
  Verlagbuchhandlung, 1990.

* ❖ Wilpert, Gero von: *Sachwörterbuch der Literatur.* Stuttgart: Alfred Kröner Verlag, 2001.

Internetquelle:

* ❖ Dan Vadan, Sorin: *Dekadenz.* URL: http://www.litde.com/jugendlexikon-
  literatur/dekadenz.php - 29.05.2016.

* ❖ Duden Redaktion. URL: http://www.duden.de/rechtschreibung/Dekadenz (11.04.2016)

* ❖ Đorđević, Miloš: *Tomas Man.* URL: http://www.rastko.rs/rastko/delo/10185 -
  20.05.2016. (20.05.2016)

* ❖ Esch, James: *Decadence, symbolists and fin de siècle.* URL:
  http://notearama.blogspot.rs/2010/01/decadence-symbolists-and-fin-de-siecle.html -
  28.05.2016.

❖ Literaturlexikon-online: *Buddenbrooks (1901)*. URL: http://literaturlexikon.uni-saarland.de/index.php?id=1387 – 28.05.2016

❖ Memim Encyclopedia: *Decadence*. http://memim.com/decadence.html - 29.05.2016.

❖ Universal Lexikon: Dekadenz. URL: http://universal_lexikon.deacademic.com/54899/Dekadenz – 28.05.2016.

❖ Xlibris: Interpretation: Buddenbrooks. URL: http://www.xlibris.de/Autoren/Mann/Werke/Die%20Buddenbrooks – 28.05.2016.